AF581430

PORTRAIT

DE

LOUIS-PHILIPPE

PAR

ALEXIS DUMESNIL

PARIS
COMPTOIR DES IMPRIMEURS-UNIS
Comon et Cie
QUAI MALAQUAIS, 15

—

1848

PORTRAIT

DE

LOUIS-PHILIPPE.

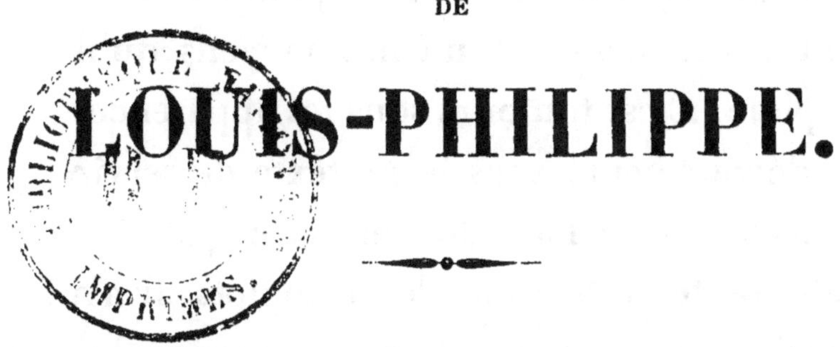

Tout le monde se souvient du rôle que joua dans les premiers jours de notre révolution le fils de Philippe-Égalité, ce jeune duc de Chartres, si enthousiaste alors des idées nouvelles, si hautement dévoué à ce qu'il appelait la cause du peuple. Or, le même prince qui prodiguait, quarante ans auparavant, les saluts et les caresses à ses amis des faubourgs, le même prince qui faisait en bonnet rouge l'office de commissaire des clubs, vous l'eussiez vu plus humble encore après les journées de juillet, le chapeau à la main et le parapluie sous le bras, aller aux Tuileries prendre possession d'un trône dont il dépouillait sa trop débonnaire famille. A un si long intervalle ce sont exactement les mêmes moyens qu'il emploie. C'est toujours sous les apparences du dévouement, sous le prétexte de servir la patrie, avec l'air doucereux et patelin, qu'il tente la fortune des complots. Il n'a jamais eu en vue que l'intérêt du peuple, il ne parle qu'avec désespoir des chances de son élévation, et feint encore, sur le point de revêtir l'autorité souveraine, de déplorer la malheureuse destinée qui le charge d'une couronne. Admirez la grandeur du sacrifice! C'est pour sauver la France, c'est pour sauver l'Europe qu'il s'est fait usurpateur. Voilà le tour qu'il donne à ses complots. Toute voie lui est bonne pour se laver de son usurpation, et, s'il le faut, le traître s'en lavera dans votre sang, peuple de Paris!

Or, on sent que l'homme capable de faire prendre au crime de pareils détours, ne saurait être un de ces hardis capitaines qui, pour s'emparer du trône, portent d'abord la main à l'épée. Les épaules arrondies par d'éternelles révérences, les genoux encore meurtris de ses amendes honorables, c'est ainsi que d'Orléans se présente devant les prétendus députés de la nation, avec l'ineffaçable empreinte de toute une vie de honte et de lâchetés. Car le grand art de ce fourbe a toujours été d'abuser les princes de sa famille, en jetant sur les plus noires trahisons le voile d'un faux et hypocrite repentir. Il fond en larmes devant les Bourbons; il tombe à leurs genoux, crie grâce et merci; puis, se tournant à la dérobée vers ses complices : « Comptez toujours sur moi, leur « dit-il ; votre cause n'est-elle pas la mienne? « n'avons-nous pas les mêmes ennemis, ne « combattons-nous pas sous le même dra- « peau? »

Et par ces discours, par des caresses encore plus perfides, il entretient en France l'ardeur de la révolte, et promet un chef aux mécontents. Comme eux, il veut des réformes, des progrès, des institutions démocratiques : la révolution est toujours au fond de son cœur, il ne compte pour rien ni son rang, ni sa naissance. C'est toujours l'ancienne voix des clubs qu'il fait entendre parmi ses familiers, de même qu'à la cour il se pique de montrer les sentiments d'un petit-fils de Saint Louis. Dix fois par jour il change d'opinions, dix fois par jour il se couvre d'un nouveau masque, rit de ses serments et trahit sa conscience sans paraître jamais se lasser d'un pareil jeu. « Ne « précipitons rien, dit-il, ne faisons rien qui « puisse compromettre notre cause ; mais « sachons épier les fautes du pouvoir, « sachons mettre à profit ses embarras. » Et telles sont les embûches de sa politique, telle a été sa patience de tigre, que cet homme, ô France ! est enfin devenu votre roi !

Deux grands attentats, également précédés de violences et de cruautés, dominent tous les autres complots de cette faction, qui depuis si longtemps aspirait au pouvoir. C'est d'abord le meurtre du duc de Berry, dernier acte de l'épouvantable tragédie des piqueurs ; puis c'est, à quelques années de là, cette malheureuse révolution de Juillet, couronnant l'œuvre homicide des incendiaires de Normandie. Or, on distingue aisément à travers un léger nuage le parricide auteur de tant de crimes et de forfaits, celui qui en a tenu dans sa main tous les fils et fait jouer tous les ressorts. Je le vois marcher d'un pas lent mais toujours égal à l'accomplissement de ses projets ; je le reconnais aux piéges dont il environne la cour, au poignard dont il arme le bras des assassins, au propre choix de ses victimes, toutes immolées à l'ambition d'une dynastie nouvelle.

C'est, il faut le dire, cette rare habileté de d'Orléans à préparer les crimes les plus atroces, qui fait que tout d'abord la France et l'Europe l'accusent lui-même du meurtre de l'infortuné duc de Bourbon. Le bruit d'un suicide ne trompe personne, et l'on sent bien que le prince qui a pu monter sur le trône par tous les degrés de l'infamie n'est pas homme à dédaigner le riche héritage que lui procure un crime de plus.

N'a-t-il pas d'ailleurs à ses ordres toutes les ressources de la corruption? Manquera-t-il de zélés soutiens de son innocence? Manquera-t-il de magistrats dociles, de juges complaisants pour attester qu'un Condé, le dernier de sa race, vient par un lâche suicide de mettre fin à ses jours? Non sans doute. Il connaît trop bien la facilité de son siècle, et il a tout prévu, tout calculé, jusqu'à l'avilissement de la justice.

Ce ne sont de tous côtés que trahisons et guet-apens, et la propre nièce du monarque, la duchesse de Berry, tombe à son tour dans un de ces piéges affreux que tend secrètement la main de son oncle. Mais il a trouvé le moyen de se surpasser lui-même; c'est par la honte, c'est par le déshonneur qu'il assassine cette fois sa victime. Il fait entrer les ministres dans sa confidence, et avec un sourire moqueur il désigne le misérable qui doit abuser des tendres sentiments de la princesse, et laisser dans son sein le témoignage vivant d'une malheureuse faiblesse. Dans l'esprit de Louis-Philippe, l'éclat d'un accouchement, combiné avec la captivité de sa nièce, ne pouvait manquer de servir la cause de l'usurpation en portant le dernier coup à la branche aînée, à cette famille royale sa bienfaitrice, dont il tenait son rang et sa fortune. Voilà le but de tant de scandale, voilà le secret de l'odieuse comédie qui s'est dénouée au château de Blaye; et l'on peut dire avec vérité que jamais ambition de prince ne descendit à de pareilles turpitudes.

Le mensonge n'a-t-il pas continuellement

été depuis quinze ans l'âme de sa politique; et n'est-ce pas encore au nom de la cause sacrée de l'humanité, au nom de la paix et de la prospérité publique qu'il s'efforce de nous imposer la plus lâche des tyrannies? Comme il mettait, sous la restauration, ses espérances dans les fautes et dans l'aveuglement de la cour, il ne cherche présentement qu'à tirer parti de la sottise des factions et des téméraires entreprises d'une multitude furieuse. Il traite la France comme nous l'avons vu traiter le faible et crédule Charles X, que l'on renfermait hypocritement dans le double cercle des lois et de la Charte, et qu'on se flattait d'avoir réduit à l'impossible. C'est en usant des mêmes artifices de légalité, de la même fascination constitutionnelle, que l'on est parvenu à envelopper Paris de murailles et de forteresses, et de tous ces corps de garde crénelés, savantes barricades d'une royauté factieuse; et les mêmes hommes qui renversèrent le trône légitime sont encore ceux qui tiennent la première place dans la confiance de Louis-Philippe, et dont il met plus volontiers à profit la funeste expérience.

Comme un chef de brigands qui se serait emparé du pouvoir, il n'a eu que l'embarras de travestir en fonctionnaires publics, en magistrats et en ministres, sa bande infâme, devenue tout à coup l'arbitre de notre sort, la gardienne et l'interprète de l'honneur national. Tous portent aujourd'hui la livrée de l'homme d'État, tous vantent leur zèle et leur dévouement, et certes ils ont raison, s'ils entendent par là ce que leur âme peut encore enfanter de crimes et de bassesses.

Et cependant je n'ai pas encore tout dit sur cette politique si chère aux héros de l'usurpation. Non-seulement la France subit leur honteux pouvoir, mais elle est à la merci des plus vils faiseurs d'élections et de tous les privilégiés du scrutin, à quelque degré que ce soit. La main avidement tendue vers l'urne constitutionnelle, ils ne s'en approchent que pour nous assassiner de leurs votes, et nous enlever ces millions opimes qu'ils courent ensuite partager aux Tuileries avec l'auguste monarque de leur choix. O honte ! ô infamie ! que de fois, hélas ! le petit-fils de Charles X, en tombant au pied de la croix, n'a-t-il pas dû s'écrier avec le Sauveur des hommes : « La maison de mon « père était une maison de prière, ils en ont « fait une caverne de brigands. »

Voilà sans doute un épouvantable règne. Mais ce qui le rend encore plus horrible, c'est que la nation elle-même n'est point exempte de reproches. Ne savait-elle pas depuis longtemps ce que valait la maison d'Orléans ! Pouvions-nous donc moins attendre de celui qui pendant quinze ans avait tramé toutes les conspirations, ouvert la porte à tous les complots ! Aux belles promesses a d'abord succédé le parjure, puis le vol et le brigandage sont venus comme le reste, en leur temps. Et par tout ce que cet homme a fait pour arriver au trône, par tout ce qu'il ose pour s'y maintenir, on peut facilement juger que la France n'est au bout ni de sa honte ni de ses malheurs.

Tibère, en fuyant à Caprée les regards du peuple Romain; Louis XI, en s'exilant volontairement au Plessis-lès-Tours, peignaient l'horrible état de leur âme, et se faisaient du moins justice eux-mêmes. Plus impudent ou plus fourbe que ces princes justement abhorrés, Louis-Philippe n'a point encore songé à se bannir de la demeure de nos rois. Mais il affecte, au contraire, de se montrer en public, fait toujours bonne contenance, et persiste résolument dans la vie qu'il a menée jusqu'ici; avec cette précaution, toutefois, de ne marcher que sous l'escorte d'une garde nombreuse, précédé, comme en pays ennemi, de patrouilles et d'éclaireurs, retranché dans sa voiture de fer comme dans une citadelle, et protégé par une nuée d'espions et de coupe-jarrets semés sur son passage. Voilà comme dans Paris même il a su créer autour de sa personne royale le sinistre isolement que Louis XI demandait à ses donjons; voilà comme il est parvenu à mettre entre son peuple et lui un rempart vivant, et à écarter de son âme, sinon les noirs soucis, du moins les trop vives et trop cruelles alarmes.

On ne se figure point toutes les ressources que peut trouver en elle cette âme de boue. Sans changer de langage, sans lever le masque dont il s'est couvert, Louis-Philippe n'en va pas moins directement au but. Fier de ses succès et de sa nombreuse lignée qui déjà prête la main à l'usurpation, ce prince semble plus volontiers aujourd'hui se jouer de nos lois et de nos institutions. Il voudrait, à quelque prix que ce fût, clore son règne par la terreur; et il ne craint pas, dans cet horrible dessein, d'exciter lui-même des tempêtes qu'il se promet bien ensuite de tourner contre nous. Cette France, dont le cœur est encore si haut sur les champs de bataille, on la contraint à dévorer les affronts les plus cruels que puisse jamais essuyer une nation; et c'est apparemment pour mieux lasser sa patience, qu'on ramène les enfants de Loyola, et qu'on l'oblige, elle, l'irréconciable ennemie des jésuites, à s'incliner devant leur robe détestée. On la met aux genoux de ces hypocrites religieux, on la met aux genoux des plus vils intrigants, de tous les traîtres et de tous les imposteurs; et si, parmi ceux qui l'ont déshonorée, quelque nom semble plus méprisable que les autres, c'est ce nom qui d'abord est inscrit sur la liste des grands dignitaires de l'État. Non, jamais faveurs ne furent si indignement placées; non, jamais on n'insulta avec tant de mépris au bon sens d'une nation. Et que la France ne s'y trompe point, les outrages dont elle est l'objet tiennent toujours au même système de lâche et odieuse tyrannie. C'est par cette arrogance calculée du pouvoir, par ces impertinentes bravades d'une volonté capricieuse, que l'on ruine les mœurs et qu'on porte le dernier coup à l'esprit public.

Or, ce qu'il faut surtout déplorer, c'est la trop longue durée d'un règne qui souille notre patrie, et donne le temps à toutes les lâchetés d'y prendre racine. Le moyen, en effet, de renverser avec les plus infâmes desseins du pouvoir, cette dynastie funeste que son chef lui-même aura placée sous l'odieuse tutèle des étrangers. Le moyen de forcer les portes de tant' de citadelles, de tant de places d'armes où le monarque a mis sa confiance, et dont il prétend bien en mourant laisser la clef aux plus cruels ennemis du royaume. Avons-nous besoin d'ajouter que c'est particulièrement sur l'Angleterre que Louis-Philippe fonde ses espérances, sur cette malheureuse Angleterre, toujours prète à favoriser contre nous le bras d'un parricide. Le misérable se complaît dans la haine qu'elle nous porte, et il entretient, il excite encore son aveugle jalousie, qu'il regarde apparemment comme le bouclier de la maison d'Orléans.

Louis-Philippe, d'un autre côté, pour étouffer ce qui restait en nous de généreuses passions, au risque de précipiter le cours de notre vie sociale, s'est appliqué sur le déclin de l'âge à faire passer dans nos mœurs son avarice et sa pusillanimité de vieillard. Il voulait une France à son image, sans honneur, sans vertus, une France égoïste et dégradée, telle, en un mot, qu'il peut se flatter de l'avoir faite avec ses complices. Car ce n'était sans doute pas sans compter sur le funeste effet de ses honteuses préférences, que Louis-Philippe a d'abord accueilli tous les fripons, tendu la main à tous les intrigants, caressé et mis à notre tête cette bande de vils scélérats pour lesquels il n'y a jamais assez d'honneurs, ni assez d'argent au trésor. Détestables exemples! lâches et criminels enseignements, bien dignes, assurément, de celui qui joua le premier rôle dans la comédie des quinze ans. Ses forfaits du reste ne se font point attendre. Après avoir conduit la famille royale dans le piége, c'est nous maintenant, c'est toute la nation que ce traître prétend y faire tomber; et vous lui supposeriez vainement un autre but quand il avilit notre malheureuse patrie, quand il la ruine et la saigne au blanc.

Que l'on ne se demande donc plus la cause de tant d'infamies qui partent du conseil des ministres, ou de la chambre des pairs, ou de la chambre des députés. La clef de voûte de tous les attentats est aux Tuileries; le plus puissant asile des malfaiteurs, c'est le monarque lui-même. Jusque-là rien de pareil ne s'était encore vu, ni pour l'insolente audace du pouvoir, ni pour la déférence toujours plus lâche des citoyens; et peut-être n'est-ce pas sans raison que le crime triomphant se flatte d'une longue prospérité, et vante ce règne comme un coup de partie. Cependant, loin de croire l'épreuve terminée, nous la regardons comme fort douteuse encore, et nous en attendons la fin pour savoir s'il faut désespérer de la justice de Dieu, et renoncer pour jamais à l'heure solennelle du châtiment et de la vengeance.

En traçant ici l'image de nos malheurs, j'avais l'espoir que le ciel abrégerait le cours d'un règne si funeste ; mais les mois, les années se sont succédé, et Louis-Philippe brave encore du haut de son trône la justice divine. C'est qu'il fallait, pour que l'épreuve fût complète et décisive, que l'œil le moins exercé pût pénétrer au fond de tant d'horribles machinations et suivre dans son développement le système atroce qui conduit la France à sa ruine. Enfin l'explosion a eu lieu, et le crime a maintenant envahi l'ordre social tout entier. Ici, c'est un sénat que décime l'opprobre de ses membres ; là, c'est une assemblée de législateurs, avilis par l'odieux trafic qu'ils font de leurs suffrages ; à la tête du pouvoir, dans les conseils du prince, ce sont des ministres infâmes qui transforment le gouvernement en un atelier de corruption et de brigandage. Ainsi, la lumière s'est faite pour les moins clairvoyants ; et il n'est homme de bonne foi qui ne sache présentement que c'est de Louis-Philippe que sont venus tous les encouragements au vice, et que de son trône ont à la fois jailli toutes les sources de corruption, et ce grand fleuve d'iniquité qui menace de submerger l'État. Vol et trahison, se disent à l'oreille nos grands politiques ! vol et trahison, répètent de toutes parts nos hommes en charge ! et à ce mot d'ordre tous se reconnaissent pour la digne milice du prince, pour les hôtes et les serviteurs privilégiés des Tuileries. Car c'est la devise de leur d'Orléans, de cet avide scélérat qui se proposait bien, en trahissant les aînés de sa race, de trahir plus tard le peuple lui-même, cette famille adoptive des rois.

Or, cet homme, la Providence en a fait notre châtiment, notre plaie dévorante; et non-seulement elle a permis qu'il opprimât la France au dedans, mais qu'il la trahît au dehors par des alliances funestes. Il est vrai que, trompant les étrangers, comme on l'a vu tromper sa propre nation, ceux-ci ont à lui reprocher chaque jour des perfidies nouvelles; et s'ils lui pardonnent tant d'abominables pratiques par lesquelles il cherche à les abuser, c'est parce qu'il a d'abord pris l'engagement de faire perdre à la France son rang et sa puissance. Sacrifier l'État à la maison d'Orléans et accroître l'autorité de cette famille en proportion de nos misères et de nos humiliations, voilà toute la politique de Louis-Philippe. Or, c'est parce que l'Angleterre n'a pas voulu se payer de cette odieuse tactique, que le monarque sorti des barricades de juillet se tourne maintenant du côté de l'Autriche, pour conclure avec son cabinet un nouveau pacte de trahison. Disposant de nous à son gré, de notre honheur et de nos alliances, il s'en sert comme d'une vile monnaie pour acquitter les dettes de sa honteuse dynastie.

Sans doute il faut que nous soyons bien coupables pour que Dieu nous ait envoyé un pareil fléau! Mais si grandes que soient nos fautes, elles ne sauraient ni justifier les crimes de cet homme, ni faire oublier le lâche artifice de ses intrigues. Ah! qu'il tremble d'avoir comblé la mesure! Qu'il regarde derrière lui cette longue suite de bassesses et d'attentats qui ont marqué tous les instants de sa vie, et qu'il se prépare au redoutable avenir qui l'attend.

Espérons que la Providence, en le faisant tomber du trône, détruira le mal à sa source;

espérons qu'elle rompra toutes nos autres chaînes, et ramènera à la vertu un peuple qui s'affaisse aujourd'hui sous le poids de l'iniquité. Mais pour que nous redevenions ce qu'étaient nos pères, il faut de grands exemples, de grandes expiations! Et Dieu ne voudra pas apparemment que celui par lequel tant d'opprobre a été déversé sur la France descende paisiblement dans la tombe.

Depuis longtemps déjà les avertissements du ciel ne lui ont point été épargnés; ces vives afflictions, ces soudaines calamités qui marquent du sceau de la réprobation ceux qu'elles ne peuvent ramener à de meilleurs sentiments.

Sans parler de tant de complots formés contre la vie de Louis-Philippe, de tant de frayeurs mortelles dont sa vieillesse a été empoisonnée, rappelons-nous la fin misérable du duc d'Orléans, l'héritier présomptif du trône, tombant de sa voiture à la suite d'une orgie, et ne laissant sur la route qu'un cadavre aviné. Pensons à l'amer chagrin que lui a causé cette haine violente survenue dans sa maison entre deux de ses fils, dont l'un a séduit et déshonoré par un incestueux adultère la femme de son frère absent. Puis nous le verrons bientôt pleurant au chevet de sa sœur Adélaïde, cette vieille complice de ses crimes, dont la mort imprévue a dû lui faire comprendre que la foudre approchait enfin de sa tête. . . . . .

. . . .

Et si grande que fût pourtant notre confiance dans dans la justice divine, telle a été l'incroyable promptitude de ses arrêts, qu'ils ont devancé toutes nos prévisions. Il n'y a qu'un instant que Louis-Philippe se flattait d'éterniser sur nous le joug de la servitude, que ses ministres eux-mêmes prétendaient nous parler en maîtres; et voilà que, tout à coup, au bruit de la fusillade et du tocsin, on apprend que le grand fourbe de juillet, que le lâche usurpateur du trône, en est descendu plus lâchement encore qu'il n'y était monté. En quelques heures, ses troupes ont été battues, dispersées, les princes ses fils mis en fuite ; et c'est par le bras du peuple, par son bras héroïque, que le ciel a voulu donner ce nouvel exemple au monde! Bénie soit la Providence qui opère sous nos yeux de si grands prodiges! Vive Dieu et son éternelle justice!

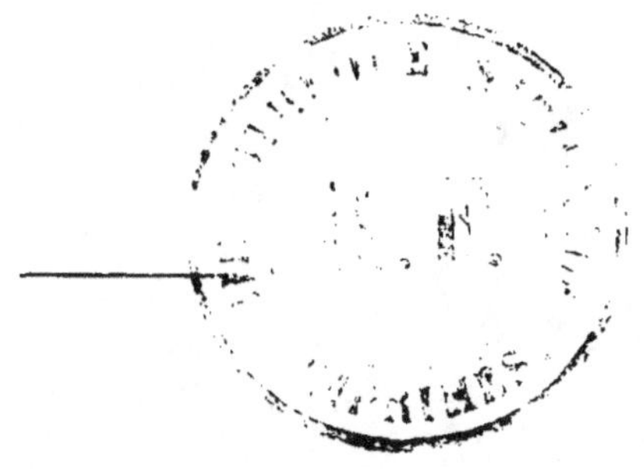

PARIS. — IMPRIMERIE CLAYE ET TAILLEFER,
rue Saint-Benoît, n° 7.

Ouvrages du même Écrivain

QUI SE TROUVENT

AU COMPTOIR DES IMPRIMEURS-UNIS

Les Épreuves sociales.

La Manifestation de l'Esprit de Vérité,
4e édition.

La Délivrance du Peuple.

IMPRIMERIE CLAYE ET TAILLEFER,
Rue Saint-Benoît, 7.

www.ingramcontent.com/pod-product-compliance
Lightning Source LLC
LaVergne TN
LVHW050507160826
845677LV00003B/985

* 9 7 8 2 3 2 9 6 4 6 4 6 6 *